AF384571

DES RÉVOLUTIONS EN FRANCE.

PAR M. ROUCHIER,

AVOCAT PRÈS LA COUR ROYALE.

SE TROUVE A PARIS

CHEZ L'AUTEUR, PLACE DES VICTOIRES, Nº 12;

ET CHEZ DELAUNAY, LIBRAIRE, AU PALAIS-ROYAL.

1831.

Ce sont mes souvenirs sur les événemens passés , dont j'ai essayé de me rendre compte pendant la dernière semaine des vacances de cette année.

C'est à la sollicitation d'un de mes amis, qui a cru apercevoir dans ce petit travail quelque chose de profitable au pays, que je me suis décidé à le mettre au jour.

IMPRIMERIE ET FONDERIE DE RIGNOUX,
rue des Francs-Bourgeois-S.-Michel, n° 8.

DES RÉVOLUTIONS
EN FRANCE.

I.

Causes des révolutions en général.

L'ignorance et la superstition arrêtent l'essor des peuples et les retiennent dans la servitude.

Ennemis des changemens, ils se plaisent dans leurs habitudes, qui se transmettent de génération en génération ; une sorte de rouille, loin de ronger leurs chaînes, les rend encore plus lourdes et plus difficiles à porter.

A force d'y vivre, cet abrutissement leur plaît ; ils n'aiment point à s'écarter du sol : semblables aux plantes, ils ne font qu'y végéter.

Dans ces temps d'ignorance et d'inertie, le pouvoir est éblouissant. Les souverains sont aux yeux du vulgaire, de véritables demi-dieux ; leur nom seul inspire une sorte de vénération mêlée de terreur. A leur approche tout se courbe devant eux, nuls regards n'osent les fixer ; une sorte d'auréole semble les environner et leur donner quelque chose de surnaturel et de divin qui en impose aux plus hardis.

Les ministres de leurs volontés se montrent aussi dans une attitude imposante, ils sont comme autant de rayons de la puissance souveraine qu'ils représentent. Les peuples fléchissent le genou de-

vant eux; ils sont comme immobiles en leur pré-
sence , et leur voix s'éteint dans leur bouche
quand il s'agit de faire parvenir les plaintes même
les plus justes.

Cet état d'oppression, quoique contre nature,
se perpétuerait toujours, si la force qui le main-
tient ne cessait jamais d'être accompagnée de la
justice ; mais quand les choses sont outrées, alors
la nature, amie de l'ordre, reprend ses droits, et
ne souffre pas impunément qu'ils soient violés.

Les souverains semblent, aux yeux du vulgaire,
tenir leur puissance de la Divinité elle-même ;
voilà pourquoi on leur porte une sorte de culte
religieux. On les regarde comme infaillibles ; in-
capables de se tromper, et, par conséquent, de
commettre l'injustice.

Mais quand ils abusent trop ouvertement de
leur pouvoir, et qu'ils viennent à froisser sans
ménagement les droits les plus inviolables, alors
l'illusion tombe et la vérité paraît aux yeux des
peuples opprimés.

Au même instant, le prestige disparaît, et si la
puissance se soutient encore, ce n'est plus qu'à
l'aide de la force, qui est toujours impuissante
pour maîtriser la volonté.

A ce moment, le souverain est en opposition
manifeste avec la nation ; cette antipathie ne peut
être de longue durée ; elle cesse aussitôt que le
peuple peut saisir l'occasion de secouer et de
rompre le joug qui l'opprime.

Voilà l'origine de toutes les révolutions dont

l'unique but est de reconquérir des droits fondés sur la nature elle-même, mais qui se corrompent presque toujours en passant les limites de la justice et de la raison : ainsi les souverains commencent par abuser de leur puissance, et à leur tour les peuples abusent de leur liberté, et finissent bientôt par tomber dans la licence et l'anarchie, peut-être plus funeste encore que la tyrannie la plus cruelle.

II.

Ancien régime.

Trois races successives ont fait peser sur la France, pendant quinze siècles, leur sceptre de fer.

Le pays conquis et soumis par le glaive, a été contenu et comprimé par le glaive; dans le principe, le gouvernement était tout militaire; le juge montait armé sur son tribunal; la justice sentait le besoin, sans doute, de se montrer sous cet appareil terrible pour en imposer davantage à un peuple tout guerrier qui était presque toujours sous les armes.

Ainsi, après la conquête, le pays conquis fut divisé entre les différens chefs conquérans, qui, à leur tour, en firent le partage à leurs troupes, moyennant des concessions plus ou moins onéreuses pour le militaire qui, quelquefois restait lui-même attaché à la glèbe et en faisait essentiellement partie; en sorte que c'était un véritable servage qui l'empêchait de pouvoir disposer de sa propre personne, et le tenait comme enchaîné au domaine de son maître.

Cette manière d'être était peu propre à développer chez le peuple des idées de bien-être et de liberté. Nourri dans ces habitudes, qui se perpétuaient de génération en génération, il ne songeait presque jamais à s'éloigner du sol natal, ses yeux étaient sans cesse tournés vers les créneaux du château que ses propres mains avaient élevé pour le retenir dans la servitude.

Mais comment pouvoir s'éloigner dans ces temps où les communications étaient si difficiles? Les différentes contrées parsemées de lacs et de forêts, entrecoupées de rivières et de montagnes inaccessibles, sans routes frayées, étaient absolument isolées les unes des autres et ne pouvaient avoir entre elles aucune relation de commerce. Sans industrie, et sans émulation pour la faire naître, les différentes parties de l'état étaient pour ainsi dire étrangères les unes aux autres. Tout se bornait alors à la culture des terres et à la conduite des troupeaux. Le luxe, qui commençait à naître, s'alimentait de la sueur du peuple chez les nations voisines, plus avancées que nous dans la civilisation.

A cette époque, la féodalité pesait de tout son poids sur le peuple abruti, aidée du clergé; elle s'appliquait à le retenir dans l'ignorance pour le contenir et le gouverner plus à son aise; ainsi les seigneurs, comme autant de souverains, gouvernaient en despotes les sujets qui étaient sous leur dépendance.

Ils se considéraient eux-mêmes comme autant de puisssances séparées, indépendantes les unes des autres, et même du souverain de l'état auquel ils appartenaient.

Retranchés dans leurs forteresses, ils vidaient entre eux leurs querelles par les armes, et se liguaient même quelquefois pour résister et faire la guerre au souverain.

Les rois ne pouvant les maîtriser par la force, les attirèrent auprès d'eux pour composer leur cour, et tâchèrent de les adoucir en les comblant d'honneurs et de largesses.

De là surgit le luxe, qui pour s'alimenter, accroissait les impôts et pressurait le peuple qui gémissait plongé dans la misère et la servitude, sans ressources et sans moyens pour se débarrasser du joug qui l'accablait.

Le clergé s'était aussi beaucoup relâché des règles strictes qu'il s'était prescrites dans l'origine. Entièrement dégénéré, il était devenu, par le relâchement et la licence, un sujet de scandale pour le peuple, qui était aussi obligé de fournir aux frais de ses dérèglemens.

Alors quelques rayons de lumière commencèrent à percer l'obscurité qui les enveloppait.

L'instruction vint peu à peu, mais lentement, éclairer la route. Enfin, parurent de loin à loin quelques hommes énergiques, qui, pénétrés d'indignation à la vue de tant de misère, osèrent faire entendre la vérité, sentie depuis long-temps, mais étouffée par la crainte qui la comprimait.

Bientôt plus d'une voix s'éleva pour la répandre, et elle retentit de tous côtés.

Les philosophes les plus profonds mirent au jour le fruit de leurs savantes méditations qui, comme un flambleau lumineux, dissipaient partout les ténèbres, et faisaient luire la vérité qu'on avait tenue si long-tems captive.

Du haut de la chaire, sous l'égide de la toute-puissance, des orateurs sacrés ne craignirent pas de la faire briller dans toute sa force aux yeux des souverains étonnés.

Elle retentit aussi au barreau, dans les débats célèbres qui semblaient provoquer son développement.

Enfin, elle prit son essor, et trouva partout des échos qui la répandirent de toutes parts.

Des guerres entreprises sous les prétextes les plus frivoles désolèrent et appauvrirent la France pendant plus d'un demi-siècle. Ses conquêtes même l'avaient affaiblie, elle n'avait reculé ses limites qu'aux dépens de ses propres forces.

Le luxe effréné de la cour et des grands, les exigences du clergé nombreux, mirent le comble aux calamités publiques. Le peuple, découragé et livré presque au desespoir, gémissait sous le poids des charges qui l'accablaient ; à peine il avait la force de lever les yeux vers le ciel pour lui adresser ses plaintes ; des murmures sourds étaient étouffés dans son sein.

Deux règnes s'étaient écoulés dans cet état d'abattement et de persécution ; les finances, loin de s'améliorer, dépérissaient de jour en jour d'une manière effrayante. Le déficit se présentait devant la nation comme un abîme qui menaçait de l'engloutir à chaque instant : toute la machine allait s'arrêter ou éclater par une explosion violente.

Il était temps de songer à combler le gouffre. La nation tout entière y était intéressée, il fallut donc la consulter sur le parti à prendre dans des conjonctures aussi fâcheuses. Les États-Généraux furent donc convoqués.

III.

Première révolution.

Les États-Généraux, pris dans les trois classes, représentaient la nation tout entière. La nation tout entière était donc en face de son souverain.

Comme tout dans la nature tend à prendre son essor pour s'élever, les assemblées délibérantes tendent aussi à s'agrandir.

Dans cette position si délicate, l'un des deux pouvoirs ne pouvait s'étendre sans froisser les droits de l'autre.

Mais la nation connaissait les siens, les États-Généraux, qui la représentaient dans les trois ordres, n'hésitèrent point à se proclamer eux-mêmes ses représentans, en décorant leur réunion de la dénomination honorable d'Assemblée nationale.

Le roi, alarmé de l'attitude imposante de la nation, voulut dissoudre cette assemblée.

Alors Mirabeau se lève et proteste contre la violence. Toutes les ames frémissent au même instant.

L'assemblée, debout, jure de braver tous les périls. Cette première commotion commença l'ébranlement, et décida de la liberté du peuple.

Dès cet instant, ses droits furent discutés avec énergie et acquirent chaque jour plus de consistance.

Enfin arriva l'Assemblée constituante, qui mit tout dans le creuset pour opérer une refonte générale.

L'homme qui s'était montré le premier comme un levier puissant pour ébranler toute la masse, était encore la colonne où tout venait se rattacher. Armé de sa hure, comme Neptune de son trident, il calmait à son gré les flots tumultueux de cette assemblée pleine d'effervescence. L'ascendant de sa parole y maintenait cet ensemble si précieux sans lequel il est impossible d'arriver à rien d'utile pour le pays.

Après lui, il ne fut plus possible de s'entendre, tout retomba dans la confusion; et si par intervalle quelques idées généreuses venaient à surgir, elles étaient bientôt étouffées par l'ambition qui ne songeait qu'à son accroissement personnel.

Ainsi se succédèrent deux assemblées, occupées tour à tour à démolir sans relâche sans aviser jamais aux moyens de relever l'édifice ; les matériaux qu'elles semblaient préparer ne faisaient qu'augmenter davantage l'embarras et l'encombrement.

Jetons un voile épais sur la troisième de ces assemblées de douloureuse mémoire !

Les peuples les plus généreux sont aussi les plus confians. C'est toujours en les séduisant par les apparences trompeuses de la justice et de la raison que les méchans parviennent à les égarer ; mais aussitôt qu'ils aperçoivent le piége, leur indignation se soulève contre les artisans de tant de perfidies qu'ils désavouent. Les monstres n'appartiennent point à l'espèce humaine ; la nature tout entière les rejette de son sein !

Cependant l'agitation régnait toujours. L'état faisait de vains efforts pour s'asseoir sur des bases solides, qu'il ne pouvait rencontrer nulle part. Fatiguée de cette tourmente furieuse, la nation elle-même tendait partout les mains vers un appui qu'elle ne pouvait saisir : le sol paraissait trembler sous ses pas. L'édifice mal affermi, et sans cesse recommencé, était comme suspendu sur sa tête et menaçait à chaque instant de l'écraser par sa chute.

C'est dans ces momens d'inquiétude et d'anxiété qu'apparait un homme destiné à changer la face du monde.

La nature est avare de merveilles, elle ne les produit qu'à de longs intervalles; un grand nombre de siècles s'écoulent avant que son travail ait reçu la dernière perfection. Elle semble faire effort pour enfanter les êtres extraordinaires.

Napoléon, modeste dans son commencement, avait le sentiment profond de son génie : il sentait qu'il était fait pour commander; il se voyait déja outre mesure à côté de ses concurrens.

Bientôt il met en œuvre toutes ses ressources, et la France chante son héros avec anthousiasme.

Escorté de tant de prodiges, il pose hardiment le pied sur la première marche du pouvoir et monte sur le plus beau trône du monde.

Deux hommes de cette nature auraient surchargé la terre; elle fléchissait sous le poids de ses légions invincibles. Un mur d'airain est moins impénétrable; elles ne trouvaient plus de résistance.

Tout a un terme dans la nature; et quand les choses sons arrivées au faîte, elles ne tendent plus qu'à descendre. Sa catastrophe dont on a tant parlé a commencé avec son divorce.

L'homme, quel que soit son génie, n'a qu'une certaine somme de force; le centre de ses affections perd de sa chaleur et de sa portée, à mesure que ses rayons se trouvent interceptés. Sa jeune épouse émoussa son génie.

La campagne de Russie, sans ternir sa gloire, atteste que ses idées avaient perdu de cette force de rectitude qui, jusqu'à ce moment, ne l'avait porté que vers les choses possibles. Sans doute son armée était la plus formidable qui eût paru sur la terre; mais pouvait-elle vaincre les élémens? pouvait-elle lutter contre les frimas et l'intensité du froid, si rigoureux dans ces contrées lointaines et presque désertes? L'expérience du passé n'apprenait-elle pas que la conquête de ce pays à demi sauvage, défendu par sa position et son étendue, était impossible? Cyrus put-il pénétrer bien au delà de Liaxarte? et Charles XII, né dans ces climats si âpres, ne fut-il pas forcé d'abandonner toute son armée dans les forêts de l'Ukraine, où des rangs entiers restèrent pétrifiés, debout, dans la neige? Que faisaient alors les Scythes? Ils dévastaient devant l'ennemi leurs propres pays, pour rendre leurs déserts plus affreux; ceux d'aujourd'hui ont-ils changé de tactique? L'incendie de Moscou attestera éternellement la témérité de cette entreprise gigantesque.

A la suite de cette déroute affreuse, tout se disloqua; les alliés, en se détachant, augmentèrent le désordre par la trahison.

Dès ce moment il ne se défendit plus, pour ainsi dire, qu'à reculons, et vint se jeter tout effrayé dans les bras de la nation, qui le reçut sans amertume, mais sans se mettre en peine de le relever.

IV.

Retour des Bourbons.

La France étonnée de ses revers eut à peine le temps de se souvenir qu'ils existaient encore. L'on profite habilement de cette sorte de stupeur pour hâter leur retour.

Le lion rugissait encore, et l'on n'avait point de chaînes assez fortes pour le retenir. L'on cherche donc à séduire la nation par la douceur des promesses, en faisant luire devant ses yeux le flambeau de la liberté, qu'il était dangereux d'éteindre dans son sein. La Charte est octroyée et acceptée par la nation, par l'organe de ses représentans, qui lui jurent fidélité.

L'ancienne noblesse, qui venait de repousser avec tant d'ingratitude celui qui l'avait réchauffée dans son sein, agite partout ses drapeaux et insulte à la nation plongée dans la douleur; elle ne rêve qu'à ses anciennes prérogatives; son imagination se berce dans l'espoir de les voir bientôt revivre. Des vengeances publiques et personnelles sont exercées sans distinction et sans ménagement, dans le double but de satifaire sa passion et de peser sur le peuple pour le comprimer par la crainte. Des exactions de toute espèce et toutes nouvelles menacent la fortune des particuliers. Rien n'est oublié pour outrager la nation et lui faire essuyer toutes les humiliations d'un pays de conquêtes.

La nation rêveuse avait toujours les yeux fixés vers son idole; il s'échappe de son exil; les portes s'ouvrent; les armes tombent des mains des anciens guérriers; il marche partout sur les fleurs entouré de guirlandes; les vieillards pleurent. Le peuple se presse et monte jusque sur les toits.

Mais quelque chose de sinistre semblait apparaître à travers ce mélancolique enthousiasme. Le souvenir des perfidies passées jetait sur l'avenir quelque chose de sombre et de triste.

Nos ennemis usèrent-ils toutes leurs ressources pour empêcher ce retour si subit? Voulaient-ils au contraire s'en servir pour amoindrir les ressources de l'hydre qu'ils n'osaient fixer sans effroi? Avaient-ils pris leurs mesures pour ne lui laisser que l'espace nécessaire, afin de le ressaisir ensuite au bout de la carrière? La perfidie et la trahison étaient à l'épreuve; c'était pour eux des armes invulnérables; elles triomphèrent!...

Tout tremblans de leurs propres succès, ils le saisissent pour la seconde fois; il ne devait plus reparaître!... L'on cherche encore à séduire la nation par la douceur des promesses, en faisant luire devant ses yeux, pour la seconde fois, le flambleau de la liberté. Les députés viennent de nouveau, au nom de la nation, jurer fidélité au pacte social.

Ses ressources intarissables font le désespoir

des ses ennemis ; elle paye le tribut. Son industrie et son commerce fleurissent; qui sait même si, sans l'obsession et la crainte de déplaire trop ouvertement à ceux qui l'avaient placé, le roi philosophe n'eût pas rendu son peuple encore plus heureux! La féodalité trépignait d'impatience de voir la fin d'un règne qui arrêtait ses projets d'envahissement. Elle n'arriva que trop tôt pour le malheur de tous.

Après s'être, pour ainsi dire, serré la main à l'entrée du château, la porte se referme pour toujours ; ne semblait-il pas qu'on avait voulu railler un peuple trop crédule et trop confiant?

La digue se rompt, la féodalité plante partout ses étendards. On lui compte un milliard, et elle puise encore dans le réservoir alimenté par la sueur du peuple, rançon d'autant plus gênante, qu'à mesure qu'on l'augmente, on s'efforce de tarir l'industrie qui en est la source; en sorte que, par un excès de dureté inouï, l'on s'irrite de la patience du peuple à surmonter tant de dégoûts ; sa détresse a fait voir plus tard jusqu'à quel point étaient arrivés son épuisement et son courage !

Quel égarement de vouloir tout retourner! Quoi de stable dans le monde, si chaque gouvernement détruit au gré de son caprice! Les particuliers sont-ils responsables des événemens? quel est celui qui n'en avait pas reçu quelques atteintes? Mais alors la nation tout entière avait droit à cette répartition.

A quoi bon ces monumens funèbres et ces sé-
pulcres ouverts devant une nation dont la con-
science est pure? Pourquoi feindre cruellement
des remords qu'elle n'a jamais ressentis? Pourquoi
lui imputer des horreurs contre lesquelles elle a
toujours protesté? Est-on responsable de la fatalité
des événemens dans les révolutions? Et parce
qu'il aurait apparu quelques monstres, faudrait-il
flétrir le reste de l'espèce humaine? Ne valait-il
pas mieux laisser couler paisiblement le fleuve
d'oubli pour éteindre toutes les passions et des
souvenirs si douloureux?

Pourquoi ces ruses et ces détours pour lui ravir
partiellement ses titres qu'on osait lui arracher
de vive force? La fraude est peut-être ce qu'il y a
au monde de plus révoltant. Quand la mauvaise
foi est arrivée à ce point, l'état est bien près de
sa ruine. La république romaine survécut peu à
l'encan des votes qui se faisaient ouvertement sur
la place publique.

Enfin la nation ouvre les yeux et se tient sur
ses gardes; elle manifeste la ferme résolution de
ne plus se dessaisir des lambeaux qui lui restent
dans les mains pour constater des droits acquis
par tant de sacrifices.

Alors le pouvoir absolu s'irrite et veut les lui
arracher par la force; il fulmine des ordonnances
qui furent le signal de sa chute et du désastre
qui l'entraîna.

2

V.

Révolution de juillet.

Si la crise n'eût pas éclaté en juillet, elle eût éclaté infailliblement un peu plus tard, et l'explosion eût été plus terrible encore. La France était minée, sur tous les points, par la douleur et le désespoir. La commotion se serait fait sentir à la fois sur toutes les parties du sol, et aurait brisé au même instant l'instrument qui l'oppressait d'une manière si cruelle. Quand la force du vase n'est pas en rapport avec celle de l'ébullition qu'elle comprime, il faut nécessairement qu'il éclate.

Deux illuminations d'une spontanéité presque miraculeuse, qui avaient précédé sa catastrophe, n'auraient-elles par dû éclairer les plus aveugles sur ces événemens funestes ? quel ensemble ! quelle harmonie ! quel langage de sentiment plus général et plus intime ! et c'est de ces mêmes croisées que sont partis les coups qui ont terrassé la tyrannie.

L'élan était donné. C'etait vouloir faire remonter vers leur source les eaux d'un fleuve rapide. Quelle extravagance !

Qu'offrait-on aux yeux d'une nation si généreuse, qui ne s'était pas moins illustrée par sa patience que par ses victoires ? Dans une main c'étaient des chaînes, dans l'autre brillait le glaive qui la menaçait si elle refusait de les porter.... pouvait-on douter du parti qu'elle prendrait?

Les citoyens, frappés d'abord de stupeur, se réveillent avec énergie ; le peuple est debout.... déterminé à défendre sa liberté, ou à s'ensevelir avec elle. La foudre qu'on lance sur lui, de toutes parts et à chaque instant, ne l'épouvante pas. Le citoyen qui tombe laisse ses armes à celui qui le suit, qui les laisse à son tour à celui qui est à ses côtés.... Le peuple triomphe !... satisfait d'avoir reconquis ses droits, il s'arrête... ses premiers soins sont de rendre les honneurs funèbres aux victimes de ce massacre affreux : leurs veuves et leurs enfans viennent pleurer sur leur tombe!

VI.

Suite.

Le roi est repoussé par la volonté nationale ; il se retire lentement et sans espoir de retour.

Quelle était la situation du pays? que demandait le peuple avant cette catastrophe terrible? la charte octroyée par le premier roi de la restauration, et acceptée par la nation, qui lui jura obéissance par la voix de ses mandataires.

A-t-il demandé autre chose pendant le combat des trois journées? n'est-ce pas pour la conquérir qu'il s'est battu avec tant de courage, et qu'il a fait tant de prodiges? n'était-ce pas le mot de ralliement qui retentissait de toutes parts?

Quels sont les vœux qu'il a manifestés après sa conquête? n'est-ce pas par les cris mille fois répétés de *vive la Charte*, qu'il a célébré son triomphe?

La nation n'a donc jamais perdu de vue, un seul instant, le pacte social. Il a été sa planche de salut pendant cette horrible tempête, et elle s'y est encore reposée après l'orage.

Il est donc impossible de nier l'existence de cette base fondamentale de l'état.

Maintenant, quelle était la situation du roi vis-à-vis de la nation?

Le roi avait cessé de régner.

Il avait cessé de régner, premièrement, parce qu'il avait violé le contrat social, et rompu volontairement tous les liens qui l'attachaient à la nation.

Secondement, il avait cessé de régner, parce qu'il avait voulu exterminer le peuple, avec un commencement d'exécution terrible.

Troisièmement, il avait cessé de régner parce que la nation tout entière et d'une voix unanime l'avait repoussé de son sein pour toujours.

Que signifie maintenant cette abdication en faveur de son petit-fils? pouvait-il abdiquer ce qu'il n'avait pas, et ce qu'il avait perdu, en violant ouvertement toutes ses promesses? aurait-il pu abdiquer même dans la plénitude de ses droits? où sont donc, dans la Charte, les dispositions qui permettent cette abdication? il n'en existe aucune de cette nature. Cette abdication est donc une véritable chimère, qui ne porte sur rien de réel, puis qu'il avait perdu tous ses droits en se séparant ouvertement et volontairement de la nation, qui l'avait elle-même repoussé de son sein, en sorte que tous les liens, qui les avaient unis, étaient irrévocablement brisés.

Mais s'il avait perdu tous ses droits et toutes les prérogatives qui en étaient la suite, en foulant aux pieds le contrat, en était-il de même à l'égard de la nation qui ne s'en était jamais écartée, et qui venait de cimenter les siens de son propre sang? L'infraction à la convention de la part de l'un at-elle pu porter atteinte aux droits de l'autre qui s'y est toujours religieusement conformé, et qui ne l'a pas perdue de vue un seul instant.

Les droits de la nation étaient donc restés absolument intacts et dans toute leur intégrité; mais où résidaient-ils? Ils résidaient évidemment dans le pacte social qui les constatait, et qui subsistait toujours à l'égard de la nation, qui ne s'en était jamais séparée.

La Charte subsistait donc toujours; c'était donc encore la base sur laquelle reposait l'État; c'était la pierre qui portait tout l'édifice; en un mot, et pour parler sans figure, c'était le gouvernement lui-même.

Mais une partie en avait été détachée par un cas fortuit et imprévu. Il fallait y remédier. Le pouvoir exécutif manquait, le trône était vacant, il fallait un roi pour l'occuper.

Qui est-ce qui avait le pouvoir de l'élire !

Sans doute, c'est dans le peuple que réside la souveraineté; c'est un principe incontestable et que personne ne méconnaît.

Un second principe, qui est la conséquence naturelle du premier, c'est qu'il a seul le droit de donner la couronne à qui bon lui semble.

Mais un troisième principe, c'est qu'il peut conférer ce droit à des délégués de son choix. Et n'est-il pas dans la nécessité de prendre ce parti, lorsque la population est si nombreuse, qu'il est impossible de la réunir?

Un quatrième principe, c'est que ces délégués ont nécessairement le même pouvoir que le peuple qui le leur a confié.

Que résulte-t-il de là? Il en résulte que la Chambre nationale, ou les députés de la nation, ont le droit et le pouvoir de faire pour elle ce qu'elle ferait elle-même, si elle était réunie, et qu'on prît séparément l'avis de chacun des membres qui la composent.

Or, ici, les Chambres ont-elles pu légalement et irrévocablement procéder à l'élection du roi des Français? C'est ce qui ne nous semble pas douteux, si l'on prend garde à ce que nous venons de dire.

Un premier point sur lequel il faut se fixer, et qui est comme le pivot sur lequel tout le reste tourne, c'est que la Charte existe, et qu'elle n'a jamais cessé d'exister.

Un second point qui n'est pas moins constant, c'est que cette même Charte avait été acceptée librement par la nation, qui lui avait juré fidélité par l'organe de ses représentans, et qu'elle l'avait pleinement exécutée.

Un troisième point, c'est que le pouvoir qu'elle conférait aux mandataires de la nation était illimité, il était sans bornes et sans restriction.

Que résulte-t-il de là? Il en résulte premièrement que les représentans de la nation pouvaient et devaient même faire, dans son intérêt, tout ce que les circonstances périlleuses où elle se trouvait placée, exigeaient pour le salut de l'État.

Secondement, qu'étant chargé de faire les lois, ils étaient nécessairement autorisés à créer le moyen de les faire exécuter, et par conséquent à élire le roi, au nom de la nation qui les avait envoyés.

Troisièmement, qu'ayant le pouvoir de faire les lois, ils n'excédaient point ce pouvoir en élisant le roi qui y est lui-même soumis. *Non debet, cui plus licet, quod minus est, non licere.*

Quatrièmement, que leurs pouvoirs étant illimités, ils ne les dépassaient point en retouchant la charte pour la compléter.

Sans doute, la charte est l'arche d'alliance de la nation; mais est-il défendu d'y toucher? n'y a-t-on pas fait et n'y fait-on pas tous les jours des changemens quand l'intérêt de l'État l'exige? Faut-il donc tant se récrier lorsque l'on n'a fait que la compléter en y ajoutant ce qu'un événement imprévu y avait retranché?

Les deux pouvoirs ont-ils été dissidens? La chambre des pairs n'a-t-elle pas sanctionné ce qu'avait fait celle des députés de la nation?

La nation ne s'en repose-t-elle pas, pour ses intérêts, sur les lumières et l'intégrité de ses mandataires? Faudrait-il donc, à chaque acte du gouvernement, convoquer au Champ-de-Mars tous les citoyens, pour prendre séparément leur avis? Cela était-il même possible au moment de l'ébranlement? Si le peuple le plus sage de la terre et qui a donné des lois à tous les autres, a quelquefois laissé dormir les siennes dans des conjonctures difficiles, comment pouvoir renverser ce qui a été fait en exécution des lois et pendant qu'elles étaient en pleine vigueur?

La légitimité ne peut donc être contestée, puisqu'elle repose sur la base la plus solide, sur la Charte elle-même, qui est la loi fondamentale de l'État.

Cette élection n'est-elle pas le vœu général de la nation tout entière, manifestée, non seulement par ses représentans, mais encore par elle-même et de vive voix? tout Paris n'y a-t-il pas applaudi au même instant et par acclamation?

L'assentiment n'a-t-il pas été général? les députations ne sont-elles pas venues aussitôt de tous les points de la France pour offrir leurs hommages au nouveau souverain? la chambre a-t-elle

cessé depuis de se recruter dans les colléges élec-
toraux? toutes les hautes puissances ne l'ont-elles
pas reconnue en accréditant auprès d'elles ses envoyés?

Ses ennemis feraient donc de vains efforts pour
ébranler un trône si solidement affermi.

Toutes leurs tentatives ne se sont-elles pas éva-
nouies aux yeux de l'opinion publique qu'ils vou-
laient égarer?

Quelle astuce, quelles ruses coupables, quel raf-
finement de perfidie pour soulever le peuple et le
pousser à la guerre civile! l'on cherche toujours
à le toucher à l'endroit sensible pour l'irriter davantage et plus promptement; l'honneur et l'intérêt de la nation sont toujours mis en avant :
tantôt on le menace de l'acquittement des ministres, tantôt, c'est le retour des proscrits annoncé
par un office funèbre; une autre fois, c'est une insulte faite à la mémoire du grand homme dans la
personne d'un chansonnier; enfin, vient l'abandon
des Polonais, qu'on avait laissé périr sans secours.

Quoi de plus capable d'irriter un peuple ami
de la justice que la crainte d'une injustice?

Mais il ne tarda pas à voir le piége qu'on lui
tendait et à sentir que l'injustice la plus révol-
tante serait celle qui gênerait le magistrat dans le
libre exercice de ses fonctions.

Quoi de plus alarmant que le retour des proscrits? L'on célèbre un office funèbre qui réveille
dans la mémoire des souvenirs pénibles. Aussitôt

grande rumeur, les agitateurs veulent tout démolir. Et qui sait où leur fureur se serait arrêtée?

Mais dans la réalité, quoi de plus ridicule? n'était-ce pas une véritable pièce de carnaval, digne du temps où on la jouait? N'était-elle pas faite pour exciter la risée de ceux qui circulaient dans les rues pour voir passer le bœuf-gras? Quelle crainte pouvait inspirer à la nation l'extravagance de quatre ou cinq individus qui célébraient aussi le carnaval à leur manière.

Un chansonnier, près de la porte Saint-Denis, entonnait avec chaleur des hymnes à l'Immortel, lorsqu'un bijoutier, peu satisfait de la musique, vient le souffleter. Grande rumeur qui se prolonge pendant huit jours.

Mais fallait-il tant de monde? n'était-ce pas l'affaire du commissaire de police du quartier ou d'un de ses agens? La patrie était-elle en danger parce qu'un chansonnier avait reçu un soufflet?

Mais les ennemis de la patrie ne riaient pas, c'était pour eux quelque chose de plus sérieux. C'était une insulte faite au grand homme : quoi de plus capable d'irriter le peuple sans lui donner le temps de la réflexion. Voilà le secret de toutes leurs trames. Piquons-le au vif, disaient-ils, et nous sommes sûrs de l'agiter et de le fatiguer.

Le malheur de la Pologne a été vivement senti par une nation qui sympathise si bien avec ce peuple de héros. Quel deuil pour la France!.....

Mais par une sorte de profanation de cette

douleur si profondément sentie, les agitateurs cherchent à la faire tourner à leur profit. Comment, répétaient-ils, laisser périr un peuple si valeureux quand on pouvait le sauver! et vous ne voyez pas qu'on vous enveloppe de toutes parts, et vous endurerez encore ce gouvernement!... Ha!...

Voilà comme ils exploitaient cette douleur si amère qui navrait tous les cœurs et préoccupait tous les esprits au point de s'irriter sur-le-champ contre tout ce qui semblait être la cause d'une affliction si vive.

Mais après tout, la réflexion, sans amortir ces regrets si vifs et si pénétrans, venait peu à peu éclairer les esprits et leur montrer des obstacles qu'ils n'avaient pas aperçus d'abord, et l'imagination, en se calmant, effaçait insensiblement le repentir.

Ah! quand les vœux sont si sincères, il faut bien que les obstacles aient été insurmontables!

Tous les autres troubles qui ont agité la capitale ne venaient-ils pas de la même source, ne tendaient-ils pas aussi à égarer le peuple et à le pousser à la guerre civile?

Leur tactique n'est-elle pas toujours la même?

A quoi s'occupent-ils dans ce moment? ne font-ils pas tous leurs efforts pour égarer partout l'opinion publique?

Dans le vignoble, ce sont les droits-réunis qu'il ne faut plus payer depuis que nous sommes libres.

Quoi de plus propre à enflammer l'esprit des vignerons qui servent cet impôt avec tant de peine et de contrainte!

Aussi, ont-ils réussi à soulever quelques villages isolés contre l'exercice de cet impôt, dans le double but, sans doute, d'exciter du trouble et de priver le gouvernement d'un revenu que les pressans besoins de l'état rendent indispensable.

Ailleurs, c'est un arbre de la liberté qu'ils font mutiler pour essayer jusqu'à quel point se portera l'exaspération.

Mais la prudence, compagne de la force, ne tarde pas à faire justice d'une aussi folle entreprise, qui ne sert qu'à donner plus d'éclat à l'opinion publique.

Dans les villes populeuses, ils s'efforcent de mettre les ouvriers en opposition avec les chefs d'ateliers en les excitant à une augmentation de salaire, pour arrêter la fabrication et accroître la gêne du commerce.

Dans le midi, ils font promener partout les insignes des proscrits, pour essayer leurs forces; mais leurs tentatives ne servent qu'à mettre au jour la faiblesse de leurs ressources, et à faire connaître le petit nombre de leurs partisans.

Que n'ont-ils pas fait, et que ne font-ils pas tous les jours, pour réveiller dans la Vendée de vieux souvenirs? à quoi ont donc abouti toutes leurs menées, si ce n'est à faire commettre quelques assassinats par des brigands soldés, que la justice punit chaque jour ? ces crimes n'ont-ils pas soulevé l'indignation des peuples de ces contrées ?

A Paris, où le goût est plus épuré, ils répandent leur fiel par la raillerie. Ils cherchent à calomnier la nation de la manière la plus ridicule. Ce sont les caricatures les plus bizarres, dans tous les carrefours. Des spectres entourés d'autres spectres, des ombres, des fantômes, que l'on promène dans les rues. Il ne manquerait plus que la trompette du jugement dernier, pour achever la collection. Les acteurs qui font jouer ces ombres ne seraient-ils pas bien dignes d'être accompagnés jusque chez eux avec une lanterne à la manière de Périclès.

Mais, ce qu'il y a de plus sérieux, c'est qu'ils cherchent à inspirer des craintes à la liberté de la presse, en lui laissant entrevoir la griffe allongée de la censure pour la saisir au premier instant. Idée non moins ridicule que tout le reste dans un gouvernement qui n'a pas moins besoin de son appui que celui qu'ils provoquent aurait besoin de sa destruction.

Il n'est pas jusqu'au choléra qu'ils n'appellent à leur secours, comme un fléau suscité par la rébellion des peuples, pour amortir, autant qu'il est en leur pouvoir, l'ardeur d'une nation naturellement belliqueuse.

Partout ils cherchent à sonder l'opinion sur Henri V, en l'insinuant d'une manière pour ainsi

dire imperceptible, pour y préparer insensiblement les esprits.

De toutes leurs folies, c'est peut-être celle qui
les aveugle le plus.

Le jour où Henri V mettrait le pied sur le sol
français, la France aurait cessé d'exister, ou serait
tellement défigurée qu'il serait impossible de la
reconnaître.

Pourrait-il essayer de se frayer un chemin au-
trement qu'avec le secours des baïonnettes étrangères? mais leurs tentatives n'ont-elles pas été vai-
nes toutes les fois que la nation s'en est mêlée?

L'antipathie de cette branche avec la nation est
incurable, elle ne reparaîtrait que pour exercer
des vengeances et humilier la nation.

Quelle confiance pourrait inspirer le petit-fils
élevé à l'école de l'aïeul?

Leur système ne serait-il pas le même pour
reléguer les sciences et les arts dans les cloîtres
et plonger la nation dans l'ignorance et l'abrutissement, afin de la gouverner plus à leur aise? le
luxe aurait-il d'autre issue que leurs palais? Mais
alors que deviendraient l'industrie et le commerce? ne seraient-ils pas absolument anéantis?
et les ouvriers où passeraient-ils? Alors le labou-
reur, pour fournir à ce luxe effréné et à cette in-
dolence verrait décimer, sur son champ, la gerbe
arrosée de sa sueur?

La magistrature elle-même pourrait-elle se
croire à l'abri de la persécution? ne verrait-on

pas reparaître ces grands corps avec toutes ses anciennetés? Les marques de l'honneur, dont la plupart des magistrats sont décorés, ne seraient-elles pas regardées comme des marques de réprobation? Est-il besoin de parler de la liberté de la presse ? la tyrannie n'est-elle pas la compagne inséparable du silence.

O mes concitoyens! ô mes amis! ce ne sont point des hyperboles ni des idées nouvelles que je viens vous offrir; j'éprouvai le besoin d'épancher mon cœur dans les vôtres, tout brûlants comme le mien de l'amour du pays.

FIN.